Innere Stärke & Willenskraft trainieren

Wie Sie mit effektivem Mentaltraining zu einem selbstbestimmten und glücklichen Leben ohne innere Blockaden finden - inkl. der besten Tipps & Übungen

Cornelius Berger

INHALT

Das erwartet Sie in diesem Buch

Es gibt Menschen, die einen genauen Plan davon haben, wie sie ihre Ziele konsequent erreichen, und keinerlei Zweifel aufkommen lassen, dass sie das auch wirklich schaffen. Sie lassen sich durch nichts aufhalten, weder durch unvorhergesehene Rückschläge noch durch andere Hindernisse. Sie finden für jedes Problem eine Lösung und wachsen an den Herausforderungen, denen sie sich stellen. Andere Menschen hingegen haben keine dieser Eigenschaften und fühlen sich deshalb schnell überfordert oder einer Situation gar nicht erst gewachsen. Jetzt kommen wir zu der Frage, was ist der entscheidende Unterschied zwischen ihnen?

Die Antwort lautet: mentale Stärke

Sie ist ein Attribut, dass nicht jeder Mensch besitzt, dafür aber von jedem erlernt werden kann. In den folgenden Kapiteln werden Sie alles Wichtige über mentale Stärke erfahren und wie Sie sie am besten trainieren, nutzen und dadurch schlussendlich ganz neue Erfolge in allen Lebensbereichen erzielen können.

Was genau ist mentale Stärke?

Mentale Stärke ist ein Begriff, der ein ganzes Sammelsurium an positiven Eigenschaften enthält und möglicherweise sagt er Ihnen sogar etwas, aber was wirklich und wahrhaftig dahinter steckt, werden die meisten nur erahnen können. Zunächst einmal widmen wir uns der Frage: Was genau ist mentale Stärke? Die Definition davon ist relativ leicht erklärt:

Mentale Stärke ist eine Fähigkeit, die Ihnen dabei hilft, ganz unabhängig davon, welchen Einflüssen

Sie gerade ausgesetzt sind, optimale Leistungen zu erbringen und erfolgsorientierte Entscheidungen zu treffen. Im Umgang mit schwierigen oder stressigen Situationen hilft es, mental stark zu sein, um dabei entspannter und selbstbewusster zu agieren. Mentale Stärke ist also gleichzusetzen mit emotionaler Stabilität. Der allgemeine Begriff kommt aus der Umgangssprache, doch inzwischen gibt es auch etliche wissenschaftliche sowie psychologische Definitionen dafür, zu denen Sie später noch Genaueres erfahren werden. Sehr oft, überwiegend im Ursprung, hat man vor allem im sportlichen Zusammenhang diesen Begriff verwendet. Die eigentliche Grundidee war Folgende: Sportler jeder Art, die mentale Stärke besitzen, haben einen großen Vorteil im Wettkampf gegenüber ihrem Gegner. Mentale Stärke ist also ein ausschlaggebender Faktor, der über Sieg und Niederlage bestimmen kann. So zumindest die Annahme.

WODURCH ZEICHNET SIE SICH AUS?

Sie fragen sich inzwischen bestimmt, wie sich denn diese mentale Stärke auszeichnet, um sie auch wirklich als diese zu erkennen? Forscher haben Sportler intensiv befragt und waren sich einig, dass sich ein ganz entscheidendes Merkmal bei den Befragten wiederholt hat, und zwar der feste Glaube an sich selbst und die eigenen Fähigkeiten. Außerdem der unerschütterliche Wille, seine Ziele stets zu erreichen. Aufgeben ist keine Option, ganz nach dem Prinzip „Hinfallen, Aufstehen, Weitergehen."

Wahrscheinlich ist Ihnen schon aufgefallen, dass das eigene Selbstvertrauen und Durchhaltevermögen immer wieder auftaucht und der Grundstein dafür ist, mentale Stärke zu erkennen und zu entwickeln. Das Fundament besteht natürlich auch aus dem besonders starken Wunsch nach Erfolg. Es gibt noch ein ganzes Paket an anderen Eigenschaften, die dazu gehören. Zum Beispiel die nützliche Fähigkeit, sich trotz Ablenkungen und Störungen auf die aktuelle Aufgabe zu fokussieren und keinerlei Ablenkung zuzulassen. Besonders wichtig ist auch, dass Sie nach einer negativen oder überraschend fordernden Situation die psychologische Kontrolle über sich selbst gar nicht erst verlieren und wenn doch, sie wieder zurückgewinnen. Viele mental starke Menschen zeichnen sich auch dadurch aus, dass sie es schaffen, über ihre eigenen körperlichen sowie emotionalen Grenzen zu gehen und trotzdem ihr Ziel nicht aus den Augen verlieren. Mentale Stärke bedeutet, Ängste zulassen zu können, ohne sich aber von ihnen leiten oder bestimmen zu lassen. Insgesamt lässt sich sagen, mental starke Menschen besitzen eine extrem hohe Frustrationstoleranz, begegnen Hürden mit einer Extraportion Willensstärke und können ihren Fokus trotz Stress, Hektik und nervenzehrenden Situationen auf ihre Ziele richten.

Vielleicht haben Sie ja eine bereits genannte Eigenschaft entdeckt, die auch auf Sie zutrifft.

WOZU WIRD MENTALE STÄRKE BENÖTIGT?

Nun haben Sie schon ungefähr mitbekommen, wozu mentale Stärke dient, aber wofür man sie auch tatsächlich benötigt, wird Ihnen im folgenden Text ausführlich erklärt. Es gibt einen entscheidenden Unterschied zwischen erfolgreichen Menschen und denen, die es weniger sind. Es liegt an ihrer Bereitschaft, nicht den leichteren Weg zu beschreiten, sondern den steinigeren, der vollgepackt ist mit eventuellen Rückschlägen und Hindernissen. Mental starke Menschen stellen sich Herausforderungen, anstatt davor zurückzuschrecken, und entscheiden rational, zwischen richtig und falsch. Sie brauchen diese Stärke, um sich selbst anzuspornen. Völlig gleich, ob es um gesunde Ernährung oder Beziehungsprobleme geht, mentale Stärke kann sich in so vielen verschiedenen Situationen als hilfreich erweisen. Sie hilft Ihnen bei jeder möglichen Krise, ob beruflich oder privat, einen kühlen Kopf zu bewahren und Ihre Probleme mit einem gesunden Grad an Optimismus anzugehen.

Mental starke Menschen schaffen es außerdem leichter, gewisse Blockaden zu durchbrechen. Wenn sich Gedanken in einer Endlosschleife in unserem Verstand abspielen, kann deren Bewältigung oft zu einer echten Hürde werden. Generell haben Gedanken sowie Gefühle einiges mit Mentaltraining zu tun. Äußere Reize lösen bei uns Reaktionen und Denkmuster aus, die meistens schon in der Kindheit entstehen und von unserem Umfeld deutlich verstärkt werden. Reaktions- und Denkmuster sind gesunde Mechanismen, jedoch speichern sie über die Jahre nicht nur nützliche Verhaltensmuster ab, sondern auch die, die uns inzwischen Probleme bereiten. Es ist bewiesen, dass unser „Gehirnmuskel", also eine Synapse, mit jedem negativen Denkmuster an Stärke gewinnt und derartige Bahnen in unseren Gedanken haben einen großen Einfluss auf unsere Gefühle und langfristig auch auf unsere mentale Gesundheit. Sie können sogar unser Immunsystem und Nervensystem beeinträchtigen. Dieser Mechanismus lässt sich aber glücklicherweise durch den Aufbau eines positiven Mindsets und intensivem Mentaltraining unterbrechen.

Beinahe jeder einzelne Lebensbereich ist geprägt von mentaler Stärke, denn sie hat den größten Einfluss darauf, ob Sie erfolgreich sind oder nicht. Damit ist mentale Stärke ein wesentlicher Schlüsselfaktor für Ihr persönliches Glück, aber auch um sich das eigene Leben leichter zu machen und kleinere oder größere Schwierigkeiten schlichtweg besser zu meistern. Nicht jeder hat das Privileg und besitzt mentale Stärke von Geburt an. Einige finden sich, ohne groß darüber nachzudenken, in den oben genannten Eigenschaften wieder, während andere nicht nachvollziehen können, wie ihre Mitmenschen mit einem derart großen Selbstbewusstsein und Durchhaltevermögen durchs Leben gehen können. Das Gute und Wesentliche an mentaler Stärke ist jedoch, dass sie sich bewusst erlernen, aufbauen und trainieren lässt. Im folgenden Kapitel erfahren Sie mehr über Mentaltraining.

Wie wirkt Mentaltraining?

Sie wissen nun, welche große Rolle der eigene Wille und auch die Kraft der Gedanken dabei spielen, seine Träume und Ziele wirklich zu erreichen. Mentale Stärke, ganz gleich, wie viel oder wenig ein Mensch davon besitzt, ist der entscheidende Wegweiser dabei und sie kann von jedem erlernt, aufgebaut und trainiert werden. Mentales Training oder Mentaltraining beinhaltet ein ganzes Spektrum an Methoden, die darauf abzielen, Ihre soziale sowie emotionale Kompetenz, Ihre Belastbarkeit, kognitiven Fähigkeiten und Ihr Selbstbewusstsein zu steigern. Es geht dabei um die Steigerung der Lebensfreude und das Streben nach Zufriedenheit und Ihrem persönlichen Glück; darum, vielleicht längst vergessene Träume oder Wünsche zu Ihrer Realität zu machen. Es unterstützt Sie außerdem dabei, jede Art von Stress zu bewältigen, und hilft Ihnen, die nötige Energie zu tanken, um all Ihre Vorhaben verwirklichen zu können.

Aber wie wirkt Mentaltraining? Stellen Sie sich vor, sie erlernen einen Tanz. Das klingt womöglich erst einmal seltsam, aber gleich werden Sie verstehen, was dahinter steckt. Also: Sie lernen die Choreografie, immer einen Schritt, eine Drehung mehr und Sie wiederholen dieselben Schritte jeden Tag aufs Neue, immer und immer wieder, bis Sie jede Bewegung aufs Genaueste analysiert und verinnerlicht haben. So in etwa funktioniert mentales Training. Indem Sie sich regelmäßig und sehr intensiv mit den Bewegungsabläufen in Ihrem Geist beschäftigen, werden Ihnen bestimmte Details immer bewusster und klarer. Die eigene Wahrnehmung und die Sicht auf die Dinge werden geschärft.

Allein, wenn Sie sich die Bewegungen bloß vorstellen, antworten Ihre Muskeln mit minimalen Reaktionen und im Allgemeinen werden Ihre Verbindungen von Muskeln und Nerven trainiert. Durch die dadurch gebildeten neuronalen Netze werden bestimme Handlungsabläufe gezielt verinnerlicht und sogar Verhaltensweisen, die Sie in Gedanken immer wieder durchspielen, können enorm zur Persönlichkeitsentwicklung beitragen. Unser Unterbewusstsein wird durch die bildhafte Vorstellung eines bestimmten Zustands aktiviert und somit wirkt Mentaltraining nicht nur allein im Sport, sondern kann auch in jeder anderen möglichen Situation im Alltag angewandt werden.

IN WELCHEN BEREICHEN WIRD ES EINGESETZT?

Sie können sich nun unter dem Begriff „Mentaltraining" deutlich mehr vorstellen und wissen, welche Wirkung es auf Ihr Leben haben kann. Aber in welchen Bereichen kann es bewusst eingesetzt werden? In der bereits erwähnten Sportpsychologie fanden die ersten Anwendungen des Mentaltrainings statt und auch heute noch wird mentales Training professionell in sämtlichen sportlichen Bereichen eingesetzt. Mentaltraining führt im Sport zu einer deutlich verbesserten Konzentration und hilft enorm beim Erlernen von Bewegungsabläufen.

Auch in der Schule wirkt sich Mentaltraining positiv aus und kann somit Lernblockaden lösen und für einen besseren Umgang mit schwierigen Situationen sorgen. Es klingt beinahe wie eine Art Wundermittel gegen alles Negative und gewissermaßen ist es das auch. Trotzdem bleibt es ein Training, das konsequent wiederholt werden muss, damit sich Ihre Fähigkeiten sowie Talente optimal entfalten können.

WAS TRÄGT ES ZU IHRER PERSÖNLICHEN ENTWICKLUNG BEI?

Mit hoher Wahrscheinlichkeit kennen die meisten von Ihnen das Gefühl, am Arbeitsplatz matt und energielos zu sein und nicht wirklich zu wissen, wieso einem in genau solchen Momenten der eigentlich so wichtige Antrieb fehlt. Durch Mentaltraining gelingen Ihnen die täglichen Aufgaben sehr viel leichter und ebenso steigt Ihre

Motivation. Ein ganz wichtiger Aspekt ist noch das soziale Umfeld, in dem Sie sich immer wieder mit zwischenmenschlichen Problemen auseinandersetzen müssen. Auch hier kann mentales Training angewandt werden.

Selbstreflexion gehört zu den wichtigsten Fähigkeiten und trägt einen elementaren Teil zur mentalen Persönlichkeitsentfaltung bei. Sie ist für ein glückliches Leben unerlässlich und der erste Schritt, um ein gesundes Selbstbewusstsein aufzubauen und Selbstzweifel zu besiegen. Diese besondere Fähigkeit bedeutet, sich selbst zu observieren und die eigenen Gedanken und Wünsche bewusst wahrzunehmen. In diesem mentalen Prozess soll es darum gehen, die eigenen Empfindungen und Gedanken mithilfe von Argumentation zu erklären.

Seine Selbstreflexion zu strukturieren, hilft dabei, die eigenen Wünsche klar zu definieren und zu fixieren. Es gibt einige Methoden, die dazu dienen sollen, äußere Impulse zu nutzen, um mit neuen Gedanken die eigenen Probleme zu bewältigen. An sich ist es nicht möglich, die Methoden zur Selbstreflexion falsch anzugehen. Das einzige Problem könnte dabei sein, dass Sie zu sich selbst zu kritisch sind und motivierende Sätze nicht annehmen können. Sie wissen bestimmt, dass jeder Mensch Schwächen hat und diese zum Menschsein dazugehören. Wenn Sie es schaffen, diese Tatsache zu verinnerlichen, ist ein Teil der Arbeit schon getan. Menschen haben leider die schlechte Angewohnheit, nicht am Ball zu bleiben. Eine kontinuierliche Arbeit an sich selbst ist aber ausschlaggebend für die zukünftigen Erfolge. Sie sehen also, man benötigt eine gewisse Disziplin, um die Selbstreflexion wirklich umsetzen zu können.

Es gibt eine Art Übungsbogen für die Selbsterkenntnis. Er hilft Ihnen beim Reflektieren Ihrer Glaubenssätze, Emotionen und Ihren Tendenzen, wie Sie auf bestimmte Situationen reagieren. Dieser kann Ihnen als Leitfaden für Ihre nächsten Schritte von Nutzen sein, er geht sehr schnell und Sie müssen nichts tun, außer so wahrheitsgetreu wie möglich zu antworten.

Fragen Sie sich selbst, was Ihre größten Talente und Fähigkeiten sind, dann, welche Ihrer Talente und Fähigkeiten Sie mit Stolz und Zufriedenheit erfüllen. Als Nächstes müssen Sie sich fragen, welche besonderen Merkmale und Eigenschaften Sie bei anderen Leuten bewundern.

Und zu guter Letzt: Welche Fähigkeiten wünschen Sie sich, zu entwickeln?

Auf den ersten Blick scheinen einige dieser Aufgaben redundant zu werden, aber das ist von Person zu Person unterschiedlich. Außerdem sollen diese Fragen Ihnen dabei helfen, Ihren Fokus auf die Dinge zu lenken, die für Ihr zukünftiges Leben von Bedeutung sind. Sobald der Übungsbogen beendet ist, sollten Sie ihn an einem sicheren Ort aufbewahren und das Geschriebene in Ruhe auf sich wirken lassen. Nach ein paar Wochen können Sie den Zettel wieder hervorholen und Ihre Antworten lesen und sich dann ganz darauf konzentrieren, wie Ihre Reaktion darauf ausfällt.

Das Beste wäre, Selbstreflexion zur Ihrer Routine werden zu lassen. Sie sollten sich nicht nur ein- oder zweimal selbst reflektieren, sondern die Übungen in regelmäßigen Abständen wiederholen. Schaffen Sie einen klaren Rhythmus, der Ihre mentale Stärke trainiert. Selbstreflexion erfordert wenig Zeit und lässt sich allgemein gut im Alltag unterbringen.

Mentaltraining trägt demnach sehr viel zu Ihrer persönlichen Entwicklung bei. Durch das Fokussieren auf gewisse Ziele verstärkt sich auch der eigene Wille nach einem Gewinn. Ihr Glaube an sich selbst wird gesteigert, Ihr Geist wird sich deutlich leichter von Misserfolgen erholen und Sie werden sich erheblich schneller neuen Herausforderungen stellen können. Vorhin wurde schon erwähnt, dass Mentaltraining auch in jeder beliebigen Alltagssituation angewandt werden kann.

WIE LÄSST SICH MENTALTRAINING IM ALLTAG INTEGRIEREN?

Wussten Sie, dass uns Menschen pro Tag etwa 60.000 bis 70.000 Gedanken durch den Kopf schießen? Ein ganzes Meer an Eindrücken, Gefühlen und Überlegungen, das da durch unseren Körper jagt. Diese Zahl ist groß und mächtig. Aber von dieser großen und mächtigen Zahl, von all unseren Gedanken, sind ganze 86 Prozent negativ und nur 14 Prozent sind positiv oder konstruktiv.

Ihre Gedanken haben den prägendsten Einfluss auf Ihr Leben, das ist ein Fakt, den man nicht verdrängen sollte. Unsere Gedanken bestimmen und lenken unsere Handlungen und unsere Handlungen bestimmen unser Verhalten. Wie Sie es sich sicher schon denken können, bestimmt unser

Verhalten unser gesamtes Leben. Das Entscheidende dabei ist, dass Sie sich nicht von negativen Glaubenssätzen leiten lassen dürfen. Sätze wie: „Ich kann das nicht", „Ich schaffe das niemals", oder „Ich werde nie gut genug sein", sollten Sie ab sofort aus Ihrem Wortschatz streichen und vor allem aus Ihren Gedanken löschen, denn sonst können Sie Ihr Potenzial nie vollständig ausschöpfen und Ihre Ziele werden erheblich schwieriger zu erreichen sein. Falls doch solche negativen Gedanken aufkommen sollten, ersticken Sie diese mit einem Positiven und spornen Sie sich im Inneren selbst an: „Sie schaffen das!"

Eine Übung, die Ihnen dabei helfen sollte, lautet: Überprüfung der eigenen Gedanken. Nehmen Sie sich hierzu ausreichend Zeit.

Fragen Sie sich selbst, was Sie gerade im Moment am meisten beschäftigt, worüber Sie viel nachdenken müssen und ob Ihre Gedanken eher positiv oder negativ sind. Dann fragen Sie sich, wie Sie mit sich selbst umgehen oder wie Sie mit sich selbst sprechen. Jetzt kommt die letzte Frage: Welche Gefühle kommen bei Ihrem inneren Gespräch mit sich selbst auf?

Nehmen Sie einen Stift zur Hand und schreiben Sie die Antworten im Zeitraum von ungefähr einer Woche in Stichpunkten auf. Die Notizen müssen nach unterstützenden und bremsenden Gedanken sortiert werden. Halten Sie unbedingt Ihre positiven Bekräftigungen fest, die Sie in besonders fordernden Situationen zu sich selbst sagen. Wiederholen Sie diese Worte immer wieder.

Natürlich lassen sich negative Gedanken auf Dauer nicht vermeiden, es gibt keinen Knopf, den man drücken kann, der alles Schlechte aus unseren Köpfen verbannt. Was Sie aber tun können, ist, Ihre negative Einstellung mit einer positiven zu ersetzen und auch zu behalten. Dies funktioniert sehr gut mit Affirmationen. Eine sogenannte „Affirmation" ist ein positiver Satz, der bei einer sehr regelmäßigen Wiederholung die Kraft besitzt, Ihre negativen Gedanken zu verändern. Wenn Sie zu sich selbst beispielsweise immer wieder sagen: „Ich bin selbstbewusst", verinnerlicht Ihr Verstand das. So kreieren Sie Ihren ganz persönlichen Ohrwurm, der als Anker für Ihr Unterbewusstsein dient.

So trainieren Sie Ihre mentale Stärke

VERSCHIEDENE ARTEN VON MENTALTRAINING

Es gibt viele verschiedene Arten und zahlreiche Formen von Mentaltraining. Eine der bekanntesten wird Ihnen wohl vertraut sein, denn diese ist die Meditation. Vielleicht haben Sie schon erste Erfahrungen mit Meditation gemacht und wissen, dass das eigentliche Ziel dabei ist, absolute Stille und innerliche Leere zu erreichen. Meditieren ist eine äußerst wirkungsvolle

Möglichkeit, um zur Ruhe zu kommen sowie neue Kraft zu tanken und sich von Stress und anderen negativen Gedanken loszulösen. Sogar in der Medizin wird Meditation unter anderem bei Schlaflosigkeit empfohlen und hilft sogar nachweislich bei zu hohem Blutdruck. Während der Meditation schulen Sie Ihren Geist darin, gefasster und ruhiger zu sein und Ihren Fokus auf sich selbst zu richten.

Dann gibt es noch das autogene Training. Mit dieser Methode wird Entspannung und Ruhe angestrebt, außerdem soll sie zur Verbesserung der Konzentration beitragen. Sie gehen dabei in Gedanken bestimmte Sätze durch, die den Körper entspannen und gleichzeitig stärken. Autogenes Training fordert im Allgemeinen die Stressverträglichkeit und hilft in manchen Fällen bei chronischen Schmerzen. Dieses Training ist ein auf Autosuggestion basierendes Entspannungsverfahren. Dieses wurde vom Berliner Psychiater Johannes Heinrich Schultz aus der Hypnose entwickelt und 1926 zum ersten Mal offiziell vorgestellt. Doch für manche Menschen ist diese Art von Training nicht geeignet, beispielsweise für Menschen, die unter Schizophrenie leiden, da diese starke

Konzentration unter Umständen Wahnvorstellungen auslösen könnte. Diese Übung kann möglicherweise auch bei Hypochondern Angstzustände auslösen.

Die schon erwähnten Affirmationen sind ebenfalls eine effektive Übung, oder auch ausgewählte Mantras. Ein Mantra ist Wort oder ein ganzer Vers. Mantras bestehen aus bestimmten Klängen und Rhythmen, die darauf abzielen, positive Energien freizusetzen. Eine Affirmation hingegen funktioniert zwar ähnlich wie ein Mantra, wirkt aber statt auf einer Klangebene eher auf einer gedanklichen Ebene. Es sind auf Sie abgestimmte und meistens kurze Sätze, die allerdings Großes bewirken können. Im Yoga und auch in anderen spirituellen Lehren sind diese zu finden. Selbst, wenn Sie noch keine richtigen Berührungspunkte in diesen Bereichen gehabt haben, können Sie Affirmationen oder Mantras nutzen, um Ihr Mindset zu stärken und sich eine positive und offene Grundeinstellung anzueignen.

Die von Ihnen selbst geschaffenen Denkmuster, Glaubenssätze und Überzeugungen spielen eine besondere Rolle dabei, sich eine offenere Einstellung anzutrainieren. Es liegt in der Natur des

Menschen, immer erst die eigenen Gedanken als die einzig wahren zu empfinden und so wenig Spielraum für andere oder neue Meinungen zu lassen.

Durch bestimmte Erfahrungen in der Kindheit oder Jugend können sich negative Eindrücke und Glaubenssätze bilden, die das weitere Leben mitbestimmen. In manchen Situationen kommt es dann zu einer Art Echo dieser negativen Grundsätze, die Sie dann eventuell an Ihrer eigenen Intelligenz zweifeln lassen. So etwas kann sich auch darin äußern, dass Sie meinen, nicht gut genug zu sein, oder einen verstärkten Wert darauf legen, was andere Menschen von Ihnen halten, und sich dadurch nicht wie Sie selbst verhalten.

Genau diese Gedanken sind das Problem, denn sie stellen ein enorm großes Hindernis dar, dass Sie in Ihrem Wunsch zu wachsen einschränkt und dabei auch Ihren Wagemut hemmt. Im Alltag können diese Gedanken lähmend wirken und das Selbstwertgefühl stark in Mitleidenschaft ziehen. Genau hier kommen Affirmationen und Mantras ins Spiel. Durch sie lässt sich das Gehirn trainieren, indem man es mit Optimismus und positiven Gedanken füttert, die dann durch stetige

Wiederholungen unsere negativen Glaubenssätze ersetzen. Es ist nicht leicht, das eigene Gehirn davon zu überzeugen, einfach seine Gedankenwelt neu zu ordnen, aber möglich. Der Schlüssel hierbei liegt erneut in der Wiederholung. Man benötigt dabei Ausdauer und Geduld, aber Satz um Satz werden die Bedeutungen, die darin liegen, verinnerlicht und somit ein absolut positives Mindset aufgebaut.

Eine weitere Möglichkeit sind die Achtsamkeitsübungen. Durch diese Übung trainiert man seinen Geist darauf, sich nur auf eine einzige Sache zu konzentrieren. Außerdem trainiert man das bewusste Erleben. Diese Übungen sollen zur Reduktion von Stress beitragen. In der Regel lassen sie sich einfach ohne besondere Hilfsmittel durchführen, weshalb sie sich gut im Alltag integrieren lassen. Achtsamkeitsübungen sind verschiedene Techniken, die zum Stressabbau beitragen und die Selbstwahrnehmung verbessern sollen. Es geht dabei darum, das „Hier und Jetzt" bewusster zu erleben. In diesem Kontext bedeutet Achtsamkeit, die persönliche Bereitschaft anzunehmen, was auf einen zukommt, ganz ohne abwertende oder befürwortende Gefühle. Es geht um die reine

Annahme einer Sache. Im Buddhismus haben Achtsamkeitsübungen einen sehr hohen Stellenwert.

Besonders für Menschen, deren Alltag viel Stress und Hektik beinhaltet, ist achtsamkeitsbasierte Stressreduktion geeignet, aber grundsätzlich kann jeder Mensch diese Übungen ausprobieren, wichtig dabei ist, dass man die Übungen ernst nimmt und allgemein offen für die Methode ist.

Neben der bereits genannten Mediation und der Achtsamkeit ist die Visualisierung ebenfalls eine beliebte Methode. Bei der klassischen Meditation achtet man überwiegend auf den eigenen Atem und die Empfindungen, die wir dabei verspüren. Beim Visualisieren hingegen konzentriert man sich auf die inneren Bilder. Sie stellen sich dabei ganz bewusst die Situationen bildlich vor, die Sie in der Realität erleben möchten. Das Gehirn unterscheidet bei der Verarbeitung von Bildern nicht zwischen Realität und Einbildung. Das ist eine Tatsache, die während des Visualisierens nützlich sein kann, um sich ganz gezielt gewünschte Ergebnisse vorzustellen. Das Visualisieren wird gern vor dem Einschlafen angewandt, da man sich währenddessen in einem sehr entspannten Zustand befindet. Diese Technik wird auch im Bereich des Spitzensports verwendet. Welche Vorteile das regelmäßige Üben der Visualisierung haben kann, zeigt ein Experiment des australischen Psychologen Alan Richardson: Er teilte ein Basketballteam in drei Gruppen auf. Es ging dabei darum, wie viele Freiwürfe die einzelnen Spieler erzielen können. Die erste Gruppe hatte dafür pro Tag zwanzig Minuten Zeit.

Die zweite Gruppe durfte nicht in der tatsächlichen Realität trainieren, sondern sollte die Freiwürfe nur visualisieren. Die restlichen Spieler sollten weder richtig trainieren, noch visualisieren. Das Ergebnis war mehr als beeindruckend. Die Fähigkeit, Freiwürfe zu erzielen, verbesserte sich bei der Visualisierungsgruppe fast genauso stark wie bei der Gruppe, die tatsächlich trainierte, während bei der letzten Gruppe keine Verbesserung festgestellt werden konnte.

Visualisierung ist vielfältig und genauso ist sie im täglichen Leben anwendbar. Völlig gleich, ob es darum geht, sich den nächsten Traumurlaub bis ins kleinste Detail auszumalen oder einen anderen Wunsch zu visualisieren. Visualisierungen dienen auch dazu, Stress zu reduzieren, und tragen zu einem ausgeglichenen Leben bei.

Eine Studie von 2011 hat belegt, dass geführtes Visualisieren stressbedingte Zustände minimieren und lindern kann. Visualisierungen wirken bewiesenermaßen am besten, wenn Sie sich nicht nur Ihre persönlichen Wünsche vorstellen, sondern zugleich auch die dazugehörigen Emotionen zu spüren versuchen. Das bedeutet, wenn Sie sich beispielsweise vorstellen, Ihr Schreibtisch oder Arbeitsplatz ist ein Ort, an dem Sie sich sehr wohlfühlen, versetzen Sie sich beim Visualisieren in den emotionalen Zustand der Freude. Durch positive Gefühle steigert sich das Verwirklichungspotenzial des Visualisierten extrem.

Wenn Sie diese Methoden regelmäßig anwenden, werden Sie bald einen positiven Effekt auf Ihr Leben verspüren. Sie können auch verschiedene Übungen kombinieren und so die Wirkung zusätzlich verstärken.

Hilfreiche Tipps und Übungen

Es wurde schon eine Vielzahl verschiedener Arten der möglichen Übungen genannt, im Folgenden wird Ihnen die Umsetzung davon genauer erklärt. Zu Beginn mögen die Übungen vielleicht etwas kompliziert klingen, im Grunde genommen sind sie aber recht einfach. Da mentale Stärke von jedem erlernt werden kann, kann auch die Stärkung des Geistes ganz individuell erfolgen. Dabei ist es äußerst wichtig, die eigenen Selbstzweifel im Vorfeld zu besiegen.

Selbstzweifel sind der Hauptgrund, warum Menschen daran scheitern, ihre Träume zu verwirklichen.

Phasenweise kann in unserem Leben alles gut laufen und uns somit keinen wirklichen Grund liefern, uns selbst zu hinterfragen. Doch ab und zu gerät man trotzdem ins Stolpern, wenn sich der eigene Weg plötzlich verändert. Das müssen nicht immer zwingend negative Veränderungen sein, es können auch Momente der Freude sein, wie zum Beispiel die Geburt eines Kindes, jedoch kann ein derartiges Ereignis auch ein weiterer Grund für Selbstzweifel sein. Die Fragen, ob man gut genug in seiner Rolle als Elternteil ist oder ob man alles richtig macht, verleitet Menschen dazu, ihr Vertrauen in sich selbst stückweise zu verlieren und deshalb schlussendlich an sich und ihren Entscheidungen zu zweifeln.

Menschen wollen stets den eigenen Anforderungen gerecht werden und haben eine ganz genaue Vorstellung davon, wie sie zu sein haben. Neue oder unvorhergesehene Situationen erfordern allerdings auch neue Reaktionen und Handlungen und bevor man sich selbst eine Liste an unerfüllbaren Aufgaben oder Erwartungen anfertigt, sollte man sich erst einmal darauf konzentrieren. Ungünstige äußere Einflüsse können genauso ein Grund für Selbstzweifel darstellen, wie beispielsweise ein Job, der keinen Erfolg verspricht, oder eine konfliktreiche Partnerschaft, in der es oft zu gegenseitigen Beschuldigungen und Streitereien kommt.

Wenn Sie ganz genau darüber nachdenken, erkennen Sie, dass ein einzelner Blick oder ein unbedachter Kommentar schon ausreichen kann, um Selbstzweifel zu schüren. Unser Unterbewusstsein reagiert darauf, da wir anderen Menschen gefallen wollen und wir sonst fürchten würden, sie könnten sich abwenden. Die Angst vor dem Alleinsein spielt hierbei eine entscheidende Rolle. Sollten Selbstzweifel an Häufigkeit und Intensität zunehmen, ist es ratsam, aktiv etwas dagegen zu tun.

Sie müssen Ihre Selbstzweifel als das ansehen, was sie sind: Gedanken. Nicht mehr und nicht weniger. Ihre Vorstellungen, Anforderungen und gesamte Erwartungshaltung an sich selbst existiert nur in Ihrem Kopf. Es liegt allein an Ihnen, ob Sie sich von möglichen Szenarien und Eventualitäten derartig lähmen lassen, dass Sie regelrecht in Selbstzweifeln versinken, oder sich aktiv darauf fokussieren, was tatsächlich real ist. Wenn Sie bemerken, dass Ihre Zweifel zu mächtig oder unkontrollierbar werden, versuchen Sie, ein paar Mal sanft den Kopf zu schütteln – somit kann sich das Wirrwarr in Ihren Gedanken lösen und schafft eine klarere Sicht auf die Dinge. Atmen Sie dann tief ein und benennen Sie Ihre Gedanken, in etwa so: „Ich habe gerade gedacht, dass ich in dieser Situation ausgesprochen blöd reagiert habe." Dabei ist die Betonung auf: „Ich habe gerade gedacht, ..." sehr wichtig.

Nur, weil Sie etwas denken, bedeutet das nicht automatisch, dass es auch wahr ist. Es sind bloß Ihre persönlichen Gedanken. Wenn Sie diese Übung wiederholen, kann es sein, dass es Ihnen sehr viel leichter fällt, sich von negativen Gedanken zu distanzieren. Denken Sie immer daran, Selbstzweifel stehen oft am Anfang des Weges, Erfolg dafür am Ende. Es liegt somit komplett an einem selbst, herauszufinden, auf welche Übungen unser Geist am besten reagiert. Bevor wir zum eigentlichen Mentaltraining kommen, folgen einige Tipps, die Ihnen dabei helfen, mental stark zu werden. Hierbei ist Zielstrebigkeit von besonderer Wichtigkeit.

Zielstrebig zu sein, bedeutet, sein Denken, Handeln und Fühlen über einen längeren Zeitraum hinweg auf ein Ziel zu fokussieren. Zielstrebige Menschen streben bewusst auf einen Soll-Zustand hin, dabei ist vor allem wichtig, zu wissen, was man eigentlich will. Sie können sich vornehmen, was Sie wollen, solange Sie aber nur halbherzig bei der Sache sind oder keine richtig definierten Ziele haben, werden Sie nichts davon erreichen. Ziele sind nicht einfach nur Träume, denen man blind hinterherjagen kann.

Das Wesentliche an der Zielstrebigkeit sind die festen Absichten, Ihre geplanten Vorhaben auch tatsächlich umzusetzen. Dazu reichen keine plötzlichen spontanen Gedanken aus, stattdessen benötigen Sie ein konkretes Bestreben nach einer gewissen Sache. Wünsche und Ziele sollten auch eine Herzensangelegenheit sein und nicht nur mit dem Kopf definiert werden.

Eine kanadische Studie ist zu der Erkenntnis gekommen, dass Ziele unser Leben verlängern. Klingt erst einmal komisch, ergibt aber doch irgendwie Sinn. Der Psychologe Patrick Hill von der Carleton Universität fand heraus, dass Menschen mit einer ausgeprägten Zielstrebigkeit auf ein gesünderes Leben achten, einen größeren Wert auf ihre Fitness legen und unterm Strich glücklicher sind als diejenigen, denen diese Eigenschaft fehlt. Nun folgen einige Tipps und Vorschläge, mit denen Sie beginnen können, Ihre mentale Stärke richtig zu trainieren.

Egal, ob privat oder im Berufsleben, Ziele zu haben, ist ein unverzichtbarer Bestandteil der eigenen Entwicklung. Wenn Sie nichts anstreben, erreichen Sie auch nichts. Ohne einen genauen Weg zu kennen und das Ziel am Ende im Auge zu haben, fehlt Ihnen das Verständnis für das Maß an Fortschritt, das Sie vielleicht bereits erreicht haben, und ob Sie überhaupt dem richtigen Kurs folgen. Ohne den richtigen Kurs zu kennen, werden Sie in dem Sturm aus Gedanken und Veränderungen, schneller als Sie denken, untergehen. Das Gute ist, dass Zielstrebigkeit genauso erlernbar ist wie mentale Stärke. Suchen und finden Sie die Faktoren, die Sie an Ihren Erfolgen hindern, und eliminieren Sie Ablenkungen oder Störquellen, um den optimalen Grad an Zielstrebigkeit zu erreichen.

Der erste Tipp ist in Ihren Ohren vielleicht eine immerwährende Phrase, die Sie vermutlich schon oft gehört haben, trotzdem ist sie sehr wichtig für Ihr weiteres Bestreben. Sie lautet: Lerne aus Fehlern. Jeder Mensch macht sie und einige machen sie vielleicht auch zu oft und jedermann kennt dieses darauffolgende schlechte Gefühl, das, nachdem man einen Fehler begangen hat, wie Gift durch den eigenen Körper schießt. Aber Fehler sind eben genau das, was Sie auf Ihrem Weg weiterbringt, und sie sind nützlich, um sich selbst zu verbessern. Wenn Sie also lernen, die eigenen Fehler oder Missgeschicke nicht nur als etwas Negatives anzusehen, ist der erste Schritt in die richtige Richtung schon gemacht. Wie eine zusätzliche Speicherkarte merkt sich das Gehirn die begangenen Fehler und somit können Sie in konkreten Situationen die Entscheidung treffen, richtig zu reagieren und bereits geschehene Missgeschicke nicht zu wiederholen.

Der zweite Tipp wäre, eine gesunde Portion Optimismus zu entwickeln. Das bedeutet nicht, dass Sie sich ausschließlich auf das Positive konzentrieren sollen, jedoch ist aufrichtiger Optimismus schlicht und ergreifend nötig, um gewissen Zielen ein Stück näherzukommen und seine Träume zu verwirklichen. Probleme sollten Sie nicht sofort als endgültiges Hindernis, sondern als Herausforderungen betrachten und sich selbst motivieren, indem Sie immer wieder zu sich selbst sagen „Das schaffe ich!" Optimismus ist eine natürliche und menschliche Eigenschaft, wie die Forscherin Shelley Taylor in mehreren Studien bewiesen hat. Dabei entwickelte sie ein Konzept, das besagt, dass der gesunde Mensch im Allgemeinen alles etwas positiver sieht, als es eigentlich der Fall ist.

Auch in anderen Untersuchungen kam man zu dem Schluss, dass sich positive Gedanken auf unser körperliches und geistiges Wohl auswirken können. In einer weiteren Studie untersuchte die Forscherin Shelley die mentale Grundeinstellung und den Krankheitsverlauf HIV-infizierter Männer. Die daraus resultierenden Ergebnisse waren mehr als eindeutig. Sie hat nämlich festgestellt, dass die Erkrankten, die sich mit Zuversicht ihrer Krankheit entgegengestellt haben, deutlich gesünder blieben als die, die mit einer negativen Einstellung an die Sache herangegangen sind. Wer von vornherein davon ausgegangen ist, schwere oder bestimmte Symptome zu erleiden, hat diese auch mit einer höheren Wahrscheinlichkeit bekommen als die Männer, die einen besseren oder guten Verlauf erwartet haben. Hier beziehen sich die Ergebnisse zwar auf eine ganz bestimmte Krankheit, doch es gibt noch viele weitere Ergebnisse, die ihre These vom gesunden Optimismus unterstützen.

Sie müssen sich Ihr Gehirn wie einen Computer vorstellen, mit Netzwerken und Softwares und Ihr ganzes Selbst, wie Sie mit sich sprechen und sich selbst behandeln, ist das Programm, das darauf abläuft. Wenn Sie also der festen Überzeugung sind, dass Sie krank werden, wird das auch zutreffen. So verhält sich das auch mit dem Glauben an Sie selbst. Sagen Sie sich selbst immer wieder, dass Sie es nie zu etwas bringen und Ihre Ziele niemals erreichen werden, läuft Ihr Programm genau darauf ab und somit werden Sie auch niemals zur der gewünschten Person, die Sie eigentlich anstreben zu sein. Ihr Computer wird sozusagen ununterbrochen von Ihrem Verstand abgehört, deshalb ist es so auch wichtig, dass Sie sich selbst negativer Gedanken bewusst werden.

Unser Gehirn hat zwei Abteilungen: Die erste ist das Großhirn, welches dafür zuständig ist, die abertausenden Informationen, die wir tagtäglich aufnehmen, zu verarbeiten und unsere Denkvorgänge zu koordinieren. Die zweite Abteilung hat weitere kleinere Hirnareale, die von der Entwicklungsgeschichte der Menschheit als sehr alt betrachtet werden, da wir sie schon hatten, bevor das Großhirn tatsächlich begann, groß zu werden. Diese älteren Hirnteile behaupten sich in kritischen oder schwierigen Situationen gegen das vernünftigere Großhirn, als würden wir beispielsweise zur Überprüfung auf eine eben benutze Herdplatte fassen, mit dem Wissen, dass diese eigentlich noch heiß ist.

In solchen Augenblicken haben die kleineren Hirnareale das Kommando und entscheiden sich dominant dafür, diese Bewegung wider besseres Wissen auszuführen. Man könnte also diese Areale als eine Art Schaltzentrale ansehen, da dadurch der Großteil unserer automatischen Körperfunktionen gesteuert wird. Während Sie diesen Satz gerade lesen, müssen Sie nicht bewusst daran denken ein- und auszuatmen oder Ihrem Herzen den Befehl zum Schlagen geben, da diese gewissen Areale diese überlebenswichtigen Aufgaben für Sie übernehmen.

Ihr Nervensystem trägt auch seinen Teil dazu bei, da das vegetative Nervensystem überwiegend von den kleinen Hirnarealen gesteuert wird. Lebenswichtige Funktionen würden von Ihnen vergessen oder falsch ausgeführt werden, wenn Ihr System das nicht für Sie übernehmen würde. Auf andere Funktionen können Sie willentlich zugreifen, wie beispielsweise auf Ihre Körperbewegungen, da sie mit dem willentlichen Nervensystem gesteuert werden. Dieses Nervensystem wird wiederum vom Großhirn gesteuert. Das vegetative Nervensystem folgt also nicht dem guten alten Sprichwort: „Erst denken, dann handeln", sondern macht genau das Gegenteil davon. Sobald es den ersten Impuls bekommt, folgt unmittelbar eine Reaktion darauf, da unser System es für überlebenswichtig erachtet.

Das willentliche Nervensystem zieht bei der Geschwindigkeit den Kürzeren und hat deshalb dabei eher wenig mitzureden. Um diesen Ablauf kurz genauer zu erläutern, hier ein Beispiel: Sie stehen vor einem Terrarium, beobachten eine ausgewachsene Vogelspinne und obwohl Sie wissen, dass Sie durch das Glas, das Sie von der Spinne trennt, geschützt sind, zucken Sie zusammen, sobald die Spinne eine plötzliche Bewegung macht. Ihr vegetatives Hirn möchte Sie somit auffordern, die Flucht zu ergreifen, obwohl Ihr willentliches Nervensystem versucht, Sie zu beruhigen. Dieser Instinkt stammt noch aus der Steinzeit, denn damals gab es noch keine Glasscheiben zum Schutz vor wilden Tieren.

Völlig gleich, welche Aufgaben diese beiden gegensätzlichen Systeme also gerade ausführen, es endet für Sie selbst immer in Denkprozessen oder Körperreaktionen. Deshalb ist es ratsam, sich auch für solche Reaktionen des Körpers mental zu stärken. Ein positives Mindset gehört zu den wichtigsten Bestandteilen der mentalen Stärke.

Der dritte Tipp lautet: Lernen Sie von anderen und freuen Sie sich über Ihre Erfolge. Manchmal müssen Menschen einen Blick auf andere werfen, um gewisse Situationen zu begreifen und eine innere Stärke aufbauen zu können. Versuchen Sie, keinen Neid zu empfinden oder missgünstig zu sein, wenn Sie bemerken, dass andere Menschen um Sie herum ihre Erfolge feiern. Neid tritt nur dann auf, wenn das Gefühl, nicht gut genug zu sein, überhandnimmt und man beginnt, sich mit anderen zu vergleichen. Im schlechtesten Fall kann diese Emotion Sie dazu bringen, die Erfolge Ihrer Mitmenschen kleinzureden, oder Sie sogar in Versuchung führen, deren Erfolge absichtlich zu boykottieren. Im besten Fall aber kann dieses Gefühl als Antrieb dienen und dafür sorgen, dass Sie an sich arbeiten oder sogar über sich hinauswachsen. Nehmen Sie diese Personen vielleicht sogar als Vorbild und lassen Sie sich von deren Durchbrüchen inspirieren. Ganz nach der Devise: Wenn andere das geschafft haben, können Sie das auch.

Der vierte Tipp: Stehen Sie zu Ihren Ängsten und Schwächen. Eine Schwäche kann vieles sein, zum Beispiel eine körperliche Unfähigkeit oder eine moralische und charakterliche Unvollkommenheit. Wir entwickeln im Laufe unseres Lebens, basierend auf bestimmten Aussagen unserer Eltern oder Erlebnissen in der Kindheit, einen ganz persönlichen Maßstab, an dem wir uns immer wieder messen. Hinzu kommen die realitätsfernen Anforderungen und Einflüsse aus den Medien, die die eigenen Unsicherheiten noch einmal vergrößern. Um Schwächen annehmen zu können, ist es wichtig, sich selbst gut zu kennen und zu reflektieren. Fragen Sie sich, was es für Sie bedeutet, schwach zu sein, und lassen Sie diese Schwächen auch zu, denn es ist völlig menschlich. Beobachten Sie, welche Schwierigkeiten Sie von Ihrem Weg abbringen könnten, und stehen Sie zu Ihren Schwächen genauso wie zu Ihren Ängsten. Arbeiten Sie gezielt daran und Sie werden Erfolge sehen und vor allem spüren.

Im fünften Tipp dreht sich alles darum, die eigenen Emotionen wahrzunehmen. Menschen geraten in gewissen Situationen schnell in Rage, reagieren irrational und ärgern sich im Nachhinein darüber, einen Konflikt oder eine Situation nicht anders gehandhabt zu haben. Emotionen verschleiern die Sicht auf die Dinge, wie Sie vielleicht auch schon in gewissen Momenten bemerkt haben, und deshalb ist es umso wichtiger, die eigenen Emotionen bewusst zu realisieren, damit ein gerechteres und angepasstes Verhalten möglich ist. Emotionen sind für uns Menschen ein ganz persönlicher Wegweiser, auch wenn es oft schwerfällt, die vielen verschiedenen Gefühle richtig zu deuten oder wahrzunehmen.

Durch Emotionen zeigen sich bestimmte körperliche Veränderungen und bestimmte Verhaltensweisen kommen zum Vorschein. Sie koordinieren die unterschiedlichen biologischen

Systeme des Körpers: Spannungsgrad, Gesichtsausdruck, Muskeln, Nerven und Hormone, um den Körper reaktionsbereit zu halten. Wenn dieser Rhythmus des Körpers aber ignoriert wird und Gefühle konstant unterdrückt werden, gerät diese Bereitschaft durcheinander und ein richtiges Handeln ist nicht mehr möglich. Durch das Unterdrücken der Gefühle kann der Körper auf Dauer sogar krank werden. Also, wer seine Gefühle wirklich lebt und ihnen Ausdruck verleiht, sorgt auch für sich und seine Gesundheit.

Sie müssen sich mentale Stärke als eine Art Muskel vorstellen und je mehr Sie diesen Muskel trainieren, desto stärker wird er. Hiervon lässt sich auch der Name „Mentaltraining" ableiten. Allerdings reicht es für mentales Training nicht aus, nur ins Fitnessstudio zu gehen und dort seine Muskeln zu trainieren. Damit Sie Mentaltraining ernsthaft umsetzen können, werden Ihnen nun einige Schritte, die Ihnen dabei helfen sollen, erläutert.

Zuerst zielt diese Aufgabe darauf ab, sich kleineren Herausforderungen zu stellen. Diese können personenbezogen unglaublich variieren. Sie können mit einem etwas einfacheren ersten

Schritt beginnen, beispielsweise jeden Morgen kalt duschen zu gehen. Dieser Anfang kann schnell zu einer gut geübten Routine werden. Ein weiterer Punkt auf der Liste ist, zu lernen, nein zu sagen. Keiner schlägt jemand anderem gern einen Wunsch ab oder findet es toll, Einladungen abzulehnen. Genau aus diesem Grund sagen Menschen viel zu schnell „Ja" und hinterfragen erst zu spät, ob sie das auch wirklich wollen. Gerade erwachsene Menschen sind ständig hektisch und unter Druck, weshalb sie sich nicht die nötige Zeit nehmen, bestimmte Handlungsmuster zu hinterfragen.

Dabei sollte man immer selbst bestimmen, wie man seine Zeit verbringen möchte, und sich nicht von anderen beeinflussen lassen. Ein gut gemeinter Rat an die Menschen, die sich in dem eben Gesagten wiederfinden: Atmen Sie dreimal tief durch, bevor Sie sich zu einer Entscheidung oder einer Antwort durchringen.

Ebenso kann es eine Herausforderung sein, jeden Tag früh aufzustehen oder mit dem Fahrrad zur Arbeit zu fahren. Wenn Sie sich immer wieder kleineren Herausforderungen stellen, dann werden Sie von Tag zu Tag mental stärker. Die

Herausforderungen sollten aber weder zu klein noch zu groß sein, denn wenn Sie sie als zu klein erachten, ist es demnach auch keine richtige Herausforderung, und wenn diese zu groß sind, schaffen Sie es nicht, sie auf Dauer immer wieder zu meistern.

Die zweite Aufgabe könnte ein für Sie geeignetes Feedback-Mindset sein. Dabei müssen Sie darauf achten, Rückschläge anzunehmen und es immer wieder aufs Neue zu versuchen, denn nur, weil etwas beim ersten Mal nicht geklappt hat, heißt das nicht, dass es niemals funktionieren wird. Als Sie das Fahrradfahren gelernt haben und das erste Mal gestürzt sind, sind Sie sehr wahrscheinlich auch wieder aufgestanden und haben es erneut versucht. Je größer Ihre Ziele und Wünsche sind, desto größer werden die damit einhergehenden Probleme sein, die aber mit dem richtigen Mindset lösbar sind. Wie gesagt, ein Rückschlag ist kein Grund zum Aufgeben, nur manchmal muss die eigene Strategie geändert werden, um vorwärtszukommen.

Der dritte Schritt ist, die Erwartungshaltung zu senken und zu akzeptieren, dass die Dinge nicht immer einfach sind. Es ist oft der Fall, dass sich Menschen durch eine zu hohe Erwartungshaltung schnell entmutigen lassen, da es sich in der Realität dann doch häufig schwieriger gestaltet als angenommen. Völlig gleich, ob es um das Ziel einer Beförderung oder um die persönliche Weiterentwicklung geht, nichts im Leben wird Ihnen einfach so geschenkt und Sie sollten niemals damit rechnen, dass der Weg zu Ihren Zielen einfach wird. Es gibt einen guten Leitfaden, an dem sich vielleicht manche orientieren können oder möchten. Dieser lautet: Hoffen Sie auf das Beste, erwarten Sie das Schlimmste und nehmen Sie es so, wie es kommt.

Im vierten Schritt geht es darum, die eigenen Gefühle rational zu betrachten. Bis zu einem gewissen Punkt, kann man seine Gefühle steuern, doch genau hier wird es wieder etwas kniffelig, denn hier spielt mentale Stärke eine sehr große und entscheidende Rolle, obwohl mental starke Menschen sich natürlich auch mal traurig, entkräftet oder niedergeschlagen fühlen, halten diese Gefühle sie nicht von ihrem eigentlichen Ziel ab. In den meisten Fällen sind nicht bloß die negativen Gefühle das Problem, sondern die eigene Bewertung darüber. Wenn die Bewertung über einen selbst zu hart wird oder wir zu uns schlicht und ergreifend unfair sind, beginnt das Reinsteigern in eine Sache. Schnell sieht man sich selbst als Versager an und bekommt das beklemmende Gefühl, nicht das zu schaffen, was man eigentlich erreichen wollte. Deshalb ist hierbei die Kontrolle über seine Emotionen von großer Wichtigkeit, denn ohne sie driften wir schnell in eine Art Hysterie ab und es wird zunehmend schwierig, eine innere Stabilität aufzubauen.

Der fünfte Schritt: Versuchen Sie nicht, es jedem recht zu machen. Selbstverständlich ist es eine sehr gute Eigenschaft, wenn Sie Empathie besitzen und somit auf die Gefühle Ihrer Mitmenschen achten, allerdings sollte es nicht zur Gewohnheit werden, dass Sie sich nur danach richten, was die anderen um Sie herum von Ihnen möchten. Vor allem sollte man nie sein Einverständnis zu allem geben, nur um Konflikten oder Auseinandersetzungen aus dem Weg zu gehen. Ein derartiges Verhalten erfordert einen hohen Preis, da die Gesundheit und auch Ihre Beziehungen massiv darunter leiden werden. Außerdem erschöpft es den Geist, denn es andauernd jedem recht machen zu wollen, ist anstrengend und führt dazu, dass wir von uns ein negatives Selbstbildnis entstehen lassen. Ihr inneres Licht kommt dabei immer mehr ins Flackern, bis es womöglich ganz erlischt.

Was lernen wir daraus? Seien Sie bereit, anderen Menschen zu widersprechen, wenn nötig. Versuchen Sie nicht, allen Leuten zu gefallen, und akzeptieren Sie, dass nicht jeder Mensch Sie mögen wird. Diese Übung soll Ihnen also dabei helfen, Ihrer eigenen Meinung mehr Wert beizumessen als der Meinung anderer. Menschen behandeln Sie, wie sie wollen, wenn Sie dies zulassen. Versuchen Sie, den größten Respekt vor sich selbst zu haben.

Der sechste Schritt soll Ihnen als Hilfe dienen, die richtigen Gewohnheiten zu entwickeln. Alltägliche Gewohnheiten hat so ziemlicher jeder auf dieser Erde, ob es nun darum geht, immer zur gleichen Uhrzeit aufzustehen, die Spülmaschine nach einem bestimmten Muster einzuräumen oder unter der Dusche laut und schief zu singen: Es ist ebenso eine Angewohnheit der Menschen, den Versuch zu starten, nur mit reiner Willenskraft ihre angepeilten Ziele zu erreichen. Diese Kraft ist zwar stark und oft auch zur Genüge vorhanden, allerdings ist sie nicht konstant oder verlässlich und erst recht nicht unerschöpflich. Erfolgreiche Menschen verlassen sich nicht allein auf ihren starken Willen, stattdessen entwickeln sie die richtigen Gewohnheiten.

Es gibt gute und schlechte Angewohnheiten. Die Guten helfen Ihnen dabei, zu dem Menschen zu werden, der Sie sein wollen. Die Schlechten kämpfen gegen dieses Bestreben an und halten Sie davon ab, Ihr volles Potenzial auszuschöpfen und versuchen, Sie in Ihrer persönlichen Weiterentwicklung zu stören. Starten Sie den Versuch, Ihre Angewohnheiten auszusortieren. Versteifen Sie sich nicht zur sehr auf einen einzelnen Punkt oder ein Ziel und überlegen Sie, welche guten Gewohnheiten als Stütze dienen können.

Der siebte und letzte Schritt dreht sich darum, sich nur auf das zu konzentrieren, was man auch wirklich kontrollieren kann. Sie trainieren Ihre mentale Stärke, wenn Sie sich ausschließlich auf die Dinge konzentrieren, die auch in Ihrer Macht stehen. Legen Sie Ihren Fokus auf etwas, das Sie weder beeinflussen noch ändern können, schwächt das Ihre mentale Stärke. Menschen lernen durch Feedback. Durch Konzentration auf die kontrollierbaren Dinge überwinden Sie persönliche Schwächen, verändern und erreichen Ihre Ziele und genau dadurch merkt das Gehirn, dass es eine gewisse Kontrolle hat. Es steht allein in Ihrer Macht, wie Sie auf andere Menschen wirken und wie Sie ihnen gegenübertreten, jedoch haben Sie keine Macht darüber, ob sie Sympathie für Sie empfinden. Sie können allein bestimmen und kontrollieren, wie Sie Ihre Kinder erziehen, aber es liegt nicht in Ihrer Hand, was diese mit ihrem Leben anstellen.

Abschließend dazu lässt sich sagen: Legen Sie Ihren Fokus konkret auf die Dinge, die Sie beeinflussen können, und verschwenden Sie Ihre Energie nicht auf andere, unkontrollierbare Projekte oder Vorstellungen. Ihre Zeit ist zu kostbar und wertvoll, um an etwas festzuhalten, dass keine Perspektive hat.

Hier noch ein zusätzlicher Vorschlag, dem manche Menschen sehr zugetan sein werden, der andere hingegen aber abschrecken wird: Tagebuch zu schreiben. Ja, es ist altmodisch, doch es wirkt. Auch, wenn diese Methode zunächst etwas banal oder verbraucht klingt, schwören einige erfolgreiche und glückliche Menschen genau auf diesen Tipp. Durch regelmäßige Tagebucheinträge teilen Sie Ihre Empfindungen, Sorgen und Ängste und können so versuchen, sie dauerhaft aus Ihrem Kopf zu verbannen. In Ihren geschriebenen Worten können Sie den alltäglichen Frust ablassen, wodurch Sie innere Ruhe und Entspannung erlangen können. Tagebücher helfen dabei, persönliche Entwicklungen zu verfolgen und zu beurteilen, und erhöhen die Chancen auf Erfolg, da aufgeschriebene Ziele eher erreicht werden, als bestünden sie bloß in Gedanken. Hinzu kommt, dass Sie auf diese Weise Ihre Lebensphasen dokumentieren, was Ihnen die Möglichkeit bietet, Situationen zu beschreiben, in denen Sie mentale Stärke bewiesen haben, und sie so erneut vor Augen haben. Damit können Sie Ihr Selbstvertrauen und Ihre mentale Stärke steigern.

Typische Fehler im Mentaltraining

Mentaltraining ist ein sehr routinierter Ablauf, der Vergleich mit einer Choreografie wurde bereits beschrieben. Eine gewisse Anzahl von Leuten, die womöglich gar nicht so klein ist, beschließt, mental stärker zu werden, und möchte diese auch optimal trainieren. Zu Beginn des Ganzen sprühen diese Leute regelrecht vor Motivation, sie flaut aber leider in den ersten Wochen relativ schnell wieder ab. Viele fragen sich eventuell, ob Mentaltraining überhaupt etwas für sie ist, und kommen sogar zu dem

Schluss, es ganz bleiben zu lassen, da es bei ihnen nicht zu funktionieren scheint. Dabei hat es nichts mit dem Training zu tun, sondern mit deren Herangehensweise, die von Beginn an falsch war. Wie bei jedem anderen Training ist es wichtig, sich einen Plan und eine Struktur zurechtzulegen, bevor man beginnt. Der erste große Fehler ist also, keine klaren Ziele zu haben.

Ein Trainingsplan orientiert sich immer an Ihrer Ausgangsposition und selbstverständlich an Ihrem klaren Ziel, das Sie zu erreichen wünschen. Haargenau dasselbe gilt für Ihren mentalen Trainingsplan. Vor dem Start müssen Sie sich über einige Dinge klar werden, etwa in welchen Bereichen Sie stärker werden wollen und, wie eben erwähnt, welche Ziele Sie verfolgen. Sie sollten sich Ihre Stärken und Schwächen bewusst machen und wissen, welche mentalen Hürden es zu überwinden gilt.

Fehler Nr. zwei ist, die eigenen Schwächen zu ignorieren. Jeder Mensch würde wahrscheinlich gern vergessen, dass persönliche Schwächen überhaupt existieren, und sich nur seinen Stärken widmen, ratsam ist so etwas allerdings nicht. Die verschiedenen Trainingseinheiten machen in der

Regel Spaß und bieten die Chance, seine Stärken noch weiter auszubauen. Auf Dauer sollten die Schwächen aber auch einen Platz im Trainingsplan finden, denn diese müssen schließlich überwunden werden. Es ist ein Prozess, bis das auch richtig gelingt. Sobald dieser Prozess aber abgeschlossen ist, schreitet die persönliche Entwicklung deutlich schneller voran.

Der dritte Fehler trifft vermutlich auf einen höheren Prozentsatz an Menschen zu. Dieser ist nämlich, keine Geduld zu haben. Beim körperlichen Training sind Erfolge oder Fortschritte absehbarer, während es beim mentalen Training deutlich länger dauern kann, bis man greifbare Erfolge spürt. Unser Hirn braucht eine gewisse Anpassungszeit, der Kopf muss trainiert werden und das nimmt viel Zeit und Energie in Anspruch. Im ersten Schritt sollten Sie sich ungefähr drei Monate einräumen und dann bewerten, ob erkennbare Fortschritte erfolgt sind.

Der vierte Fehler ist, die Entwicklungen von Tag zu Tag zu bewerten. Vielleicht kennen Sie den Spruch: „Versuche, jeden Tag ein Prozent besser zu sein als gestern." Im Grunde genommen ist die Intention dieses Ratschlags gar nicht so verkehrt, da er Sie dazu anspornen soll, sich jeden Tag zu verbessern. Das mit dem Prozent ist allerdings nicht gut durchdacht, da man Verbesserungen selten in Prozent, und vor allem nicht in einem einzigen, messen kann. Außerdem könnte, wenn Sie sich nach diesem Ratschlag richten, Ihre Frustration deutlich zunehmen und die wenige Geduld, die manche Menschen besitzen, noch weiter ausreizen, denn auf der Basis eines täglichen Vergleichs lassen sich kaum Erfolge erkennen. Wenn man aber alle vier oder sechs Wochen einen Vergleich zieht, wird man deutliche Unterschiede und Verbesserungen bemerken.

Der fünfte Fehler, der häufig begangen wird, ist, nur in den eigenen vier Wänden mental zu trainieren. Natürlich, das eigene Zuhause ist die perfekte Komfortzone, man ist ungestört und kann sich voll und ganz auf sich selbst konzentrieren, ohne sich dabei von nervigen oder ablenkenden Geräuschen irritieren zu lassen. Aber es ist ein wesentlicher Teil des Mentaltrainings, seine Komfortzone zu verlassen und sich äußeren Einflüssen auszusetzen, denn sonst würde es einem nie gelingen, irgendwelche Hindernisse zu überwinden und daran zu wachsen. In Ihrem Wohnzimmer wird kaum eine Herausforderung auf Sie warten, zumindest keine, die Sie wirklich fordert. Die verschiedenen Einflüsse des Lebens sind laut, brutal und voller Ablenkungen, aber essenziell für Ihren weiteren Weg, Ihre mentale Stärke aufzubauen und zu trainieren.

Den eigenen Kopf mit dem, nun ja, eigenen Kopf besiegen zu wollen, ist ein weiterer Fehler. Auf mentaler Ebene lassen sich viele Probleme lösen, dies ist allerdings mit einer außerordentlichen Menge an Anstrengung verbunden. In den Momenten, in denen man sich beinahe selbst in seinen eigenen Gedanken verliert, sollte man den Geist versuchen zu entspannen und den Körper zu Hilfe nehmen. Unser Verstand kann der reinste Irrgarten sein, der Körper aber kann uns wieder den Weg hinaus zeigen.

Wenn Ihr Verstand mal mit einer Flut an Gedanken beschäftigt sein sollte, versuchen Sie, tief Luft zu holen und den Fokus ganz auf Ihre Atmung zu beschränken. Gleichmäßige, bestimmte Atemzüge. Probieren Sie dann, so lange wie möglich auszuatmen, und Sie werden spüren, wie das Chaos in Ihrem Kopf zur Ruhe kommt und der Nebel sich lichtet. Beide Bereiche haben also einen großen Einfluss aufeinander. Sie sollten deshalb auch alle zwei zu nutzen wissen.

Wenn Sie jetzt denken, dass das eigentlich alles ganz gut klingt und Sie es auf alle Fälle im Hinterkopf behalten wollen, falls Sie einmal Schwierigkeiten haben, sollten Sie wissen, dass Mentaltraining nichts für bestimmte Gelegenheiten ist. Mentales Training nur hin und wieder anzuwenden, wird das gleiche Ergebnis mit sich bringen, als würden Sie nur alle paar Monate ein Work-out für Ihre Traumfigur machen: nämlich gar keins. Mentaltraining dient also nicht als Seil, um Sie aus dem Loch, in das Sie bereits gefallen sind, zu ziehen, sondern soll Sie davor bewahren, überhaupt hineinzustürzen. Also fangen Sie jetzt damit an, am besten heute, und setzen Sie sich klare Ziele, die Sie bewusst erreichen wollen. Schieben Sie Ihre Schwächen nicht beiseite und stellen Sie sich Ihren Ängsten, damit Sie daran wachsen können. Nehmen Sie das Hier und Jetzt so an, wie es kommt.

Die Unterschiede des Mentaltrainings in der klinischen und Sportpsychologie

Sie haben schon erfahren, dass der eigentliche Ursprung des Mentaltrainings im sportlichen Bereich liegt und dass es von Sportlern immer noch aktiv genutzt wird. Später kamen zu dieser klassischen Trainingsmethode noch weitere psychologische Methoden hinzu, wie die Aufmerksamkeitsregulation, Selbstgesprächsregulation sowie Prognosetraining und viele weitere Methoden, welche als mentales Training bezeichnet wurden. In der Psychologie gilt als Maß für die Intensität der Aufmerksamkeit die Konzentration. Es geht darum, durch Zuwendung und eine gewisse Auswahl an Gegenständen die damit verbundene Unaufmerksamkeit gegenüber anderen Gegenständen zu bestimmen.

Die Selbstgesprächsregulation ist eine andere Form des Mentaltrainings. Sie bietet dem Sportler die Möglichkeit, sich durch innerliche Eigenmotivation, die Beobachtung des Körpers zu optimieren und so gewisse Bewegungsabläufe zu steuern. Außerdem fördert es das Selbstvertrauen. Das Prognosetraining wird im Sport dazu verwendet, den richtigen Umgang mit psychischen Belastungen zu erlernen. Dafür werden Ziele im Vorhinein festgelegt und im Anschluss nach der Ausführung der Aufgabe wird verglichen, ob und wie weit man seinem Ziel nähergekommen ist.

Sollte der Sportler hinter den eigenen Erwartungen zurückliegen, müssen die Gründe dafür festgestellt werden. Die Methode soll dem Athleten ermöglichen, eine realistische Selbsteinschätzung abzugeben und sich besser auf mögliche Rückschläge vorzubereiten. In der Sportpsychologie wird das Mentaltraining so angewandt, dass das immer wiederholende Sich-Vorstellen eines sportbezogenen Handlungsablaufs, ohne die Handlung natürlich selbst auszuführen, geübt wird. In dieser Form des Mentaltrainings wurden Entspannungsübungen mit visuellen und auditiven Vorstellungen verbunden, damit die sportpsychologischen Erfordernisse optimal angepasst werden konnten.

Die erzielte Wirkung durch die Verbesserung des Bewegungsablaufs in der bewussten Vorstellung soll eine spätere Verbesserung bei den tatsächlich ausgeführten Bewegungen bewirken. Je nachdem, wie gut der Sportler es schafft, sich in diese Illusion hineinzuversetzen, umso besser werden die Ergebnisse. Hier sollte nicht nur der Kopf, sondern auch der Körper eine gleich große Rolle spielen, denn beide Bereiche müssen im Einklang sein und regelmäßig trainiert werden, um die Handlungen miteinander wirklich abgleichen zu können. Es gibt für jede Handlung ein passendes psychisches und physisches Niveau, so die Annahme. Deshalb wird bei diesem Training auch darauf geachtet, die Aktivierung durch Entspannung zu reduzieren. Hier helfen auch autogenes Training und progressive Relaxation als Entspannungsübungen.

Die Sportpsychologie beurteilt den Nutzen von Ehrgeiz durch das Streben nach Erfolg. Abhängig von der Stärke des Ehrgeizes kann sie einen aktiven Einfluss auf unser Verhalten haben. Menschen, die leistungsorientiert sind, haben mehr Durchhaltevermögen und lassen sich auch durch Rückschläge nicht so leicht unterkriegen. Auf der anderen Seite kann Ehrgeiz auch ein Hindernis sein, indem unsere Erwartungen an uns selbst nicht mehr der Realität entsprechen. Ehrgeiz allein reicht meist nicht aus, um optimale Erfolge zu erzielen. Eine bedingungslose Akzeptanz der Schwächen oder hemmenden Gefühle ist eine Voraussetzung, die für das Abrufen bestimmter Leistungen nötig ist, anstatt sie durch mentales Training zu verdrängen. Jeder Mensch verfügt nur über ein begrenztes Maß an Aufmerksamkeit und wenn diese Ressourcen für die Kontrolle der hemmenden Gefühle verwendet werden, bleibt nur noch eine begrenzte Menge an Aufmerksamkeit für die Erledigung der eigentlichen Leistung übrig. Deshalb ist es eine absolute Empfehlung, diese Gefühle als notwendige Gegebenheiten in einer Wettkampfsituation zu akzeptieren und nicht gegen diese Empfindungen anzukämpfen. Obwohl sich der Sportler in diesem Fall in eine fordernde Situation begibt, führt diese bedingungslose Akzeptanz dazu, dass er sich beruhigt. Es klingt paradox, ist aber eine Tatsache. Durch die Akzeptanz des Sportlers werden seine Ängste überwunden, neue Motivation entfacht und es wird der Mut entwickelt, sich weiteren Herausforderungen zu stellen.

Das 4C-Modell ist ein Modell, das zwar im sportlichen Kontext entstanden ist, sich aber genauso gut auf andere Situationen übertragen lässt. Es stammt von Clough und Earle und ist ein Teil des wissenschaftlichen Messinstruments, für mentale Stärke. Die vier Säulen des Modells bilden sich aus Selbstvertrauen: die feste Überzeugung der eigenen Fähigkeiten. Dann Herausforderung: Keine Angst vor Herausforderungen und dem Betrachten der Möglichkeit, an sämtlichen Hürden zu wachsen. Kontrolle: Von der eigenen Kontrolle überzeugt zu sein und Geschehnisse als Konsequenz des eigenen Handelns zu sehen. Die letzte Säule wäre die Selbstverpflichtung: Das Erreichen des Ziels hat Priorität. Es kamen zu diesen bereits bekannten Attributen noch zwei weitere Faktoren hinzu: Emotionskontrolle und interpersonelles Vertrauen. Die Kontrolle über die eigenen Emotionen, auch Emotionsregulation genannt, ist enorm wichtig, um sie steuern und unser Verhalten zu bestimmen. Interpersonelles Vertrauen wird dadurch definiert, eine bestimmte Erwartungshaltung bei bestimmten Individuen darzustellen und sich auf Versprechungen, egal, ob mündlich oder schriftlich, verlassen zu können. Im Alltag können diese Faktoren als Unterstützung fungieren.

Die persönliche Einstellung ist der Schlüssel zum Erfolg. Sportler sind in gewissen Situationen beinahe Übermenschen, die viel Leistungsdruck von sich selbst und ihren Mitmenschen erdulden müssen. Darüber hinaus müssen sie fit genug sein, um Höchstleistungen zu vollbringen. Ihr Ziel ist, die Goldmedaillen und Siegerpodeste zu besteigen, die wollen über sich hinauswachsen und genießen es, dass sie die Erfolge magisch anzuziehen

scheinen. Unsere Gedanken sind dafür verant-
wortlich, wie wir die Welt sehen. Sportler benut-
zen gewisse Denkmuster, um ihren Sieg zu visualisieren und so herbeizudenken. In der Wirtschaft
wird diese Methode kaum bis gar nicht verwendet,
obwohl eine gewisse Erfolgsbilanz abzusehen
wäre. In der klinischen Psychologie werden einige
dieser Methoden allerdings angewandt und die
Patienten haben deshalb die Chance, einen Zu-
gang zu quasi ungenutzten Ressourcen zu bekommen.

In der neuen Zeit wird Mentaltraining inzwischen auch in der klinischen Psychologie im Bereich der Psychosomatik genutzt. Psychosomatik
bezeichnet in der Medizin eine ganzheitliche Be-
trachtungsweise und Krankheitslehre. Darin werden von Menschen Reaktionsweisen und die psychischen Fähigkeiten in Bezug auf Krankheit und
Gesundheit in ihrer Verbindung mit körperlichen
Vorgängen betrachtet. Bei körperlichen Erkrankungen, bei denen auch psychische Faktoren einen Einfluss auf den Heilungsprozess haben, werden in bestimmten Kliniken psychotherapeutische
Verfahren zur Heilung angewandt. Menschen, die
unter körperlichen Erkrankungen, wie zum

Beispiel Bluthochdruck oder chronischen Schmerzen leiden, fällt es oft schwer, die nötige Einsicht zu entwickeln, sich psychotherapeutisch behandeln zu lassen. Wenn die gleichen Verfahren aber unter der Bezeichnung „Mentaltraining" angeboten werden, kann dies die Bereitschaft der Patienten erhöhen.

Die Unterschiede in der Sportpsychologie und der klinischen Psychologie sind also doch recht gravierend. In dem einen Bereich geht es ausschließlich darum, die an sich selbst gerichteten Erwartungen mit verschiedenen Methoden zu erfüllen, während es in dem anderen Bereich darum geht, den Menschen lebensbereichernde Behandlungen näherzubringen, die ohne den Zusatz von mentalem Training vielleicht davor zurückschrecken würden.

MENTALTRAINING
ODER WUNDER?

Sie haben bestimmt davon gehört oder zumindest gelesen, denn von diesem Ereignis wird heute noch gesprochen. Flugkapitän Chesley Sullenberger, 57 Jahre alt, hat seinen Airbus damals mit zwei ausgefallenen Triebwerken und beinahe zweihundert Menschen an Bord sicher auf dem Hudson River in New York notgelandet. Er vollbrachte das Unmögliche und rettete somit genau 155 Menschenleben. Die gesamte Welt sprach von einem unbestreitbaren Wunder, jedoch war aus psychologischer Sicht etwas ganz anderes geschehen: Der Kapitän führte dieses Manöver durch und zeigte damit, wie er trotz der kaum vorstellbaren Umstände die Leistung erbrachte, die er all die Jahre geübt hatte. Allein die Vorstellung einer Handlung oder Bewegung aktiviert dieselben Hirnareale wie die Bewegung selbst. Also ein Wunder oder doch geschultes Training und der Beweis echter mentaler Stärke?

Ein glücklicheres Leben mit dem Erlernen mentaler Stärke

Sie haben alle Bereiche des Mentaltrainings kennengelernt und wissen, wozu mentale Stärke benötigt wird und wie man sie trainiert. Es beinhaltet wahnsinnig viele, allerdings auch sehr wichtige Wiederholungen und vielseitige psychologische Aspekte, aber auch medizinische und menschliche Einflüsse sind ein wesentlicher Teil dessen, welche Wirkung mentale Stärke hat und was genau sie ausmacht.

Möglicherweise fragen Sie sich selbst nach wie vor, wieso es derart verschiedene Gruppen von Menschen gibt. Diejenigen, die trotz stetiger Bemühungen einfach nichts wirklich auf die Reihe bekommen und die Misserfolge fast schon magisch anziehen. Dann gibt es die Personen, die sich voll reinhängen und unter großem Kraftaufwand und viel investierter Zeit ihre Ziele erreichen. Diese Leute sind dann aber trotz ihres Erfolgs am Ende viel zu ausgelaugt, um sich darüber freuen zu können, es tatsächlich geschafft zu haben. Natürlich gibt es auch die Menschen, die all ihre Lebensziele mit Leichtigkeit und Freude erreichen, ohne sich großartig angestrengt zu haben.

Der Grund hierfür liegt nicht an den Umständen, aus denen diese Menschen kommen, und auch nicht an der Schulbildung oder welche Sprache sie vielleicht sprechen. Es kommt auf die mentale und emotionale Ebene an und auf deren persönliche Einstellung dazu. Wer die mentalen Erfolgsrezepte versteht und sie verinnerlicht, kann diese jederzeit abrufen und in entscheidenden Augenblicken nutzen.

Ein ganz wichtiges emotionales Gesetz ist, dass die gesamte persönliche Kraft aus dem tiefsten Inneren kommt. Wenn wir uns durch negative Gefühle oder betrübende Gedanken selbst im Weg stehen, kommen wir niemals da an, wo wir eigentlich hinwollen, und werden auch nie die von uns gewünschte Lebensqualität erreichen. Unsere Gefühlswelt muss im absoluten Gleichgewicht sein und deshalb muss es aufhören, dass wir Menschen uns so sehr von den äußeren Einflüssen abhängig machen.

Wenn Sie die Augen öffnen, ist um Sie herum ein stetiger Strom aus Leuten, die nach Zufriedenheit streben und händeringend nach den Leitlinien für garantierten Erfolg im Leben suchen, jedoch suchen sie meist an den falschen Orten, denn alles, was sie dafür benötigen, ist bereits in ihnen. So ziemlich alles, was man braucht, um die eigenen Ziele zu erreichen, ist in einem selbst. Es liegt in der eigenen Verantwortung, welche Denkmuster man zulässt und ob man die nötige Konzentration dazu aufbringen kann, die eigenen negativen Glaubenssätze durch Positive zu ersetzen.

Jeder Mensch muss versuchen, seine eigenen Werte zu finden und diese auch zu leben. Sie müssen Ihre Ängste und Vorlieben erst erkennen, bevor Sie beginnen, Ihr Leben aktiv zu gestalten. Mentale Stärke zu erlangen, kann für Sie lebensverändernd wirken, vielleicht sogar so sehr, dass Sie Ihren Job kündigen, ins Ausland ziehen oder eine neue Beziehung eingehen. Doch bevor all das an der Reihe ist, müssen Sie für sich selbst einstehen und sich ganz darauf konzentrieren, was Sie wirklich wollen. Erst dann werden Sie die mentale Stärke uneingeschränkt fühlen und nutzen können.

Herstellung und Verlag:

BoD – Books on Demand, Norderstedt

ISBN: 9783756221295

© Cornelius Berger 2022

1. Auflage

Kontakt: Psiana eCom UG/ Berumer Str. 44/ 26844 Jemgum

Covergestaltung: Fenna Larsson

Coverfoto: depositphotos.com